Lepidoptera Antiodonata

Jairo Mejía Rodríguez

guancasco
editorial

Lepidoptera Anisodonata

© Jairo Mejía Rodríguez
Contacto: litart.honduras@gmail.com

© Primera edición, 2023.
Guancasco Editorial
contacto@guancascoeditorial.com
www.guancascoeditorial.com

ISBN-13: 979-8867218362
Categoría: Poesía
Colección: Rimario
San Pedro Sula, Honduras, C. A.

PÁGINA WEB

Edición y corrección: Jairo Mejía Rodríguez
Carátula: Guancasco Editorial
Imagen de carátula: Korah Studio
Imágenes de contenido decorativo: Freepik.com

ÍNDICE

VERSADO PRIMERO

Vuelo diurno

Mariposa

Alba

Concebida bajo la luna nueva
te fue otorgada la belleza
con intenso brillo celeste,
audacia y virtud creciente.

Fiel amante del arte y la humanidad
vasta instrucción es tu existencia
sublime la aurora de tu presencia.

Haz vibrar el cauto viento
con la fina curva de tus labios,
libera mi nombre como yo el tuyo.
Cautiva mi ser con tu mirada
mientras tejo mis deseos en tu seda
hasta reducir nuestros espacios.

Abrupto suspiro en la faz de mis manos
añorando verterse en tu piel de cala
aspirando su vaho de fresca natilla
cual fértil viñedo en las colinas
y, aun así, intenso pudor de verano
anclarlo en el vértice de tu alma.

No me des la espalda
que estremeces mis sentidos

y me veo tentado...
por entintar tus páginas blancas
con mis azules y rojos versos
al son de cada punzante latido
estallando en el ápice de mis dedos.

Dime tú...
que yo te sigo.
Dime tú
con amor, que yo me entrego
al crepúsculo, a tu luz.

Zenith

Sustancia humana ignota y etérea
excelsa entre luz vívida y áurea
dibujando el horizonte de mi cautivo mirar
como nave galopante en altamar.

Perfume de su existencia
impregnado en el pensamiento
como único lirio blanco del jardín
esquivando el viento con su nombre
implícito en la calidez azul de mis letras,
al compás de un turbulento enjambre
en busca del polen de su presencia,
pernoctando en el murmullo de la muchedumbre
hasta el crepúsculo de su alma, esa puerta
de cual aspiro rango de paladín.

Argot de perlas
mellizo del prolijo frenesí
abismado en un vaivén de palpitaciones,
sonrisa a medias
beso adornado con trova carmesí
voz que se apronta en emociones...
libérame sin pudor en tu seno
y seré como sol de brillo pleno.

Coelum

Ella... no es
una diosa o un ángel, es un cielo
diáfano y canicular a cual asciendo
desde el delirio pringado en carmesí
hasta la faz lunar de su piel.

Fruto del pecado desea mi boca
distanciamiento irracional es la norma
como preso de un lácteo placer
por sus copas en uva coronadas;
pudor enhiesto dilata mis pupilas
sin piedad, escueto me podría perder
y reencontrarme ahogado en su miel.

Lienzo desnudo se pinta de mil palabras
cual trémulo vuelo de mariposa
revolotea y humedece su vientre
cuando en el cenit mi voz disuelve su nombre
con el vaivén agitado de mi respiración
rebosando alegorías en la yema de mis dedos
al explorar sus valles y cumbres
como ciervo cautivo en sumisión.

Simul

Ella prefiere decirme A
yo prefiero decirle Y
cosechando miradas
desnudando suspiros
con la distancia corta entre cuerpos
en la marea del tiempo
hasta el tacto en frenesí
como flor de *Fuchsia* esperando colibrí
estremeciendo los sentidos
cual taciturna libídine en esperteza.

Vinea

Pasivo cielo en lienzo
no despejado, pero liberto
soy navegante de tu vía láctea
seducido por tus formas discretas
cual copos de nieve en mis labios
se disuelven con el rocío de primavera,
revoloteo de mariposa en cautiverio.

¡Mírame!
Posa tu vid en mi rostro
hasta la embriaguez deléitame
en la locura de este nuevo palpitar
por la impavidez del temblor en altamar,
seré tan tuyo, tan cálido, tu sol.

Juego de gacelas,
senderos de algodón y almendra
desbordan el horizonte bohemio
entre comparsa y lira
con su pudor fresco y tímido
hasta arrebatar un suspiro húmedo.

Rubrum

Hilera sonora envolvente
vid en copa servido
con medida nocturna
despojada,
sin seda ni terciopelo
con sed y con denuedo
tacto adulador y vehemente.

Bífida andanza a puertas abiertas
desde nevadas colinas
descendiendo un valle sereno
hasta el ignoto sendero
donde la respiración se ahonda
y placentero suspiro desborda
en estrechez de labios ansiosos
sedando su ser con cálidos versos.

Miel de almendras
mitigando el eros
mientras se eclipsa el cielo
como un arrebol en su clímax.

Sapiosexual

Piénsalo.
Tú y yo, una intensa conversación.
Afrodisiacas palabras.
Rojo y azul... violeta.
Zoom existencial y corpóreo.
Luz de plata y música de grillo.

Taciturnos y vehementes.
Desde el alfa hasta el infinito.
Crepúsculo y arrebol de mentes.
Ducha, té, masaje.
¿Aceptas?

Te quiero blanca

Sí…
yo te quiero blanca,
en mi otoñal jardín
fragante flor de cala,
en mi cielo perpetuo
constelación tejida en caricias,
límpido y casto lienzo
pintado con versos de mi alma,
llevándome en tu soplido
fuerte viento en mi mar.
Yo, te quiero blanca.

Primum

La noche siendo tan joven,
la vehemencia cálida y madura,
una ternura de cabeza erguida
ante la aventura lasciva que aluden.

Dos piezas rotas de enteros dispares
con bordes cóncavos y otros convexos
uniéndose para formar una imagen,
un destello existencial, un momento.

Mi voz rasgando su piel con imprudencia,
raptando el pudor de su inocencia
mientras se defiende con eufemismos
y su respiración carente de guarismos
que marquen su palpitar embravecido
o eviten explosión de poros en delirio.

Besos cálidos y ensordecedores
desde el hemisferio norte hasta el sur
con vientos de torbellino y en estupor
corrompiendo el alma multicolores
y su paz pintada de albur
estremeciendo sus carnes en sudor.

Osezno bravío en pos de la seducción
de mirada aguda y gruñido sediento
asido al panal como tibia bendición
hasta robar la dulce y rebosante miel
mientras las abejas duermen en papel.

Mi estómago es capullo
de mil mariposas en revolú,
mar adentro que se agita en prosa
vertiginosamente ahogando las horas
cual pincel delineando a plenitud
mi fiel hombría que cede su orgullo.

Elíxir cautivo de vahos y fluidos,
melodía vibrante de espasmos y gemidos,
juego indecente de ninfas y sátiros
hasta los labios fríos y pálidos
que anuncian silenciosamente
el final del primer duelo de amantes.

Volo mea

Entre lienzos me has entregado
tu alma y desnudo tu pudor,
lo que nunca habías dado
tu Amazonas y tu ecuador.

El revuelo de la mariposa
explotando los vértices de mi sol
en tibias centellas blancas,
suspiros etéreos
inmersos en el horizonte
de nuestro nirvana sensual.

Me sumerjo en tu diáfano umbral,
donde se funde la sombra
de tu más cálido rincón
y el sólido desdén de mi hombría.

Te deseo más y más,
como la arena anhela en olas
la pasión del infinito mar;
deseo como Sátiro
tu pelvis revestida
colisionando mi existencia
con sed por existir el elíxir de tu vientre.

Embriagarme con las vides de tu pecho,
enviciarme fielmente en la faz
de tu lene campo de Venus
hasta el húmedo temblor,
sabor a sosiego, canción final.

Passio

Los días son estelas de mar dispersas
en el infinito
tu recuerdo es el principio y el fin
de cada uno de esos días
con las olas del viento
acariciando el hondo suspiro
hasta el radiante devenir
en un solo cuerpo, pudor sin reservas.

Afinidad de rosas y rocío
hasta achicar el horizonte
que se funde con tu mirada y tu faz
en sincronía de luz y energía
desmedidamente en libre albedrío,
fulminante paz
en nuestros nombres asidos a la suerte
una fiesta, guancasco y bulería.

De copa en copa el beso embriagante
las sábanas agitadas
la vela agotada
por el palpitar oscilante y vehemente
pinta el blanco lienzo
sabor a piel, arrebol de sentimientos.

Papilio et tibellula

Y el silencio escondió su rutina
tras el fulgor de mis emociones
coloreándosele
cada
verso
hasta fragmentarse en el brillo etéreo de tu existencia.

De lo profundo cada suspiro
desbaratando como el viento en tus cabellos
al temblor de mis labios
mientras pronuncio tu nombre
un te amo
la voz del cordero a un beso
distancia resbaladiza en los ápices de mis manos.

Contumeriándonos mutuamente
cada vela
desde el sucinto evocativo tatuado en nuestros pechos
cual mariposa y libélula
alzan alas en una caricia caótica
menester pasional
disnea
ascendemos para luego volver en caída libre
sintiéndonos fluir.

Garnet

Golondrinas alzaron vuelo
entre tus olas, viento,
dilatándose mis pupilas
al verte por vez primera
acelerando hasta el abismo de mi ser
el pulso ansioso y volcado en pánico
con los cascos verdes astillando el vientre
cada vez que inhalaba tu presencia,
algarabía de trova en menta
avellana y almendra
anclado a mi olfato tu aliento
mi capullo de seda, flor de cala
vorágine en mi silencio
y mi atención esclava
sin racionalidad, con placer
trazando la línea granate de tus labios
paraíso convexo, tibio y carnoso
liberto en mi boca, deliraba...
será cosa del destino, de azares, de suerte,
de profecía o meramente ese deseo
deshojando la margarita.

Tempus

Tiempo, no es tan solo.

Sino primavera en vívido fulgor
verano intenso y apasionado
otoño revestido de sensibilidad
invierno gris de necesidad.

Pacto en el brote del capullo
serena estrechez de las olas
aleteo caótico de mariposa
amoroso abrigo en espejo.

La piel de mi alma...
es tu puerto.

Volitans

A veces, solo me pides que escriba
que desnude mi lírica
apretujando nuestras nubes
y desangrando el brillo estelar
hasta demostrar cuánto te he de amar.

¿Será posible que no lo veas...?

El núcleo de nuestro universo arde,
la voz del horizonte acaricia nuestra esencia
y nos desvelamos en un conteo solar,
ecuación infinita de posibilidades.

Los blancos capullos eclosionan
emergiendo libremente las mariposas
con su maquiavélico y espeso aleteo
revolviendo las corrientes del viento
hasta envolvernos en su desbarajuste,
lo que somos, lo nuestro.

Libera

De ti
conozco tu vuelo
mariposa que tientas el caos
revoloteando en el torbellino de mi alma
mientras el rocío matutino empapa
mis labios
en blancas nubes envuelto
sosiego pintado en gris.

Sé de tu voz
sabor inocencia
tenaz amparo de independencia;
fulgor de primavera multicolor
entrañándose por mis venas
certeza del mañana, cúspide que recorres
fuertemente aprehendida a tu feminidad
ajena al letargo, cerrada al dolor
vadeando triunfante tus temores.

Pulcra tu extraordinariedad
cautivas total mi atención
sin pecado obseso de limitación
tan solo un latido

21

constante, armonioso, inspiración en trova
sentir racional con pericia emocional
fluye tu luz con sobriedad.

Eres tú, eres tu libertad.

Contemplatio

Tu voz se asoma y me viene
en caricias tibias, sinfín de emociones
con el trinar primaveral
y el rocío matutino sobre el rosal
gotas frescas cuando sonríes
el color piropo de tus labios se acerca
devoramos la ansiedad con inocencia
mientras arribo al puerto de tus palabras.

Tu luz en eco es tu esencia
recorriendo el horizonte de mi ser
alzando el vuelo de mariposa
agitando mis desdenes con el silencio
de olas rotas en suplicio
hasta la próspera bienaventuranza
avigorando mi pecho contra el tuyo, mujer.

Cuarzo blanco recubre tus carnes
sutileza de un lirio de agua
dibujando tu espalda como arco de cisne
y alardeas con trova tu pandero
distraes y cautivas mis sentidos
eres mi fin, eres mi fragua.

Lepidoptera Antiodonata

Nos sumergimos entre lienzos
somos artistas apasionados
fundiendo nuestras desiguales almas
yo de gris, tú multicolor
sin espejos, sin etiquetas
tan solo pintados en contemplación
como dos locos de amor.

Arenam autem horologium

Jazz sobre las sábanas revueltas
el caos de una pasión desenfrenada
vuelo de mariposa y libélula
la arena congelada en el cristal.

Azul y rojo entintan,
la voz del deseo exclama
sin interludio ni palabras
mil luciérnagas agitadas
por el canto de la cigarra.

Rompecabezas de caricias
en lienzos blancos encajadas
sensibilidad tersa,
convidan en ascenso al clímax.

Tumbada en mi pecho tu esencia
de flor fresca, de flor cala
sin distracción, sin penas
solo el desborde de dos almas
que viven, que aman.

Primus tempus

Ese primer momento
inmortalizado, sin recato
recorriendo los senderos de tu piel
pintando cuadros en tus lienzos
con mis sentidos invertidos en tu ser
y mi cursi trova libándote.

Niño escultista en misión exploratoria
ascendiendo tus laderas
poblando tus valles
conquistando tu ignota fertilidad
tomando agua de tu manantial
y disfrutando la fruta de tu sagú.

Almendra y vainilla
destilan en tus poros,
la voz complacida de la luna
rasgando las paredes de nuestro aposento
y rompiendo los pilares tras el temblor
como una borrasca en sinfonía.

Los sentidos aturdidos
los corazones acelerados
un sentir homogéneo
un solo cuerpo.

VERSADO SEGUNDO

Vuelo nocturno

Polilla

Lepidoptera Antiodonata

Tenebris

Luna azul moribunda y oculta
tras nubes que entre llanto se desangran
con el silencio que ahoga cada palabra
hasta el suspiro noctámbulo del mañana.

Se agita la hoja seca próxima a caer
por el menosprecio agudo del destino
augurio sereno que palpita en el piso
aun así, el cobijo será la eternidad
sin desmitificar su horizonte al placer
de la verde sapidez, de la pulcra oquedad.

Ave de rapiña aguarda en la sombría canción
difuminando el sabor amargo del escorpión,
iracundas miradas reverberan las horas
como casquillos eclosionando en el revólver
asfixiando el sosiego con luz depredadora...
ahora ya es tarde.

Lucerna

El tiempo se traslapa corriendo,
mancha enferma de incertidumbre
desborda más la página en la que escribo,
la flacidez y la flaqueza me alcanzan.

Lámpara sedienta de mis sueños
dibujando mariposas y vampiros,
quizá solo sean gusanos que carcomen
las entrañas sin polen, sin estambres.

Angustia postiza tallando una cruz
un calvario tatuado en la frente
mientras sucumbe derrotada la esperanza
hasta el verbo seco en mi cara.

Me desconozco, despido vaho funesto
ya no creo en el cielo ni el infierno
no escucho su voz en mí latente
después de morir, ¿quién vio la luz?

Libertatis

Libertad,
a un vuelo
del caos y el infierno
entre polilla y mariposa
cuando el jardín no basta
y se ha roto el cielo.

Paulla

Termina el día en pardo color
de mi boca el polen cae, madruga.

Sin importar las gotas de arena
gastadas en el cristal,
la voz del viento roto
siniestro argumento sereno
escupiendo la honestidad
como recurso de escape a la realidad,
traición pagana.

Mirada tenue y sin sabor,
un proyecto deficiente, fatal.

Una burla, tras otra burla
del dolor que no duele
si sentir no tiene sentido.

Alimento para larva de polilla,
ante el caos, larga vida.

Macula in ventum

Circunda viento manchado
por el vuelo curtido y pardo
de una iracunda lepidóptera nocturna,
cual jamás al convivio fue invitada
pero siempre ha estado presente.

Cerrojos de confianza en lacra rotos
vanas oraciones de fe ausente
como la paja en el ojo
tan gurda y normalizada
tan tóxica y prolija
que ni en el infierno se pierde.

Aire inabordable...
es la mezquindad racional
dilatándose en las pupilas de sus latidos
anclándose en las raíces de su pensamiento
venerando ese turbio exceso pasional
donde nuestra relación no cabe
donde se ahoga nuestro color.

Desamor

Mentira, donde era huésped la verdad.
Secretos, donde clareaba mi honestidad.
Silencio, donde la voz rota nada valió.
Indiferencia, donde el viento
se hartó de volar en mi espacio.
Repudio, donde tantas veces juró sentimiento fiel.
Desamor, donde mi jardín a la mariposa no le bastó
empatizando libertad con la polilla.

Mi tiempo,
las manecillas no dieron giros en vano
en mi felicidad quedó huella firme
de oreja a oreja, de pies a cabeza
con vehemente locura
y tan certera la libélula en su ascenso.

Me dolió cada réplica
hasta marchitar el brillo en mis ojos,
me marcó cada defensa
en pro de la normalización de sus actos.

Vivir a nuestro albedrío no exenta
de convivir responsablemente,
nuestras manos juntas no eran un símbolo
sino un pacto voluntario de amor dual.

Pestis

Naciste del aliento de Samael
resguardada como peste nocturna
aspirando romper la luz
celosamente contra nuestra humanidad.

Seduces con tu lengua retorcida
alimentando con la mano derecha
mientras la izquierda templa la cadena
ganando dominio de pensamiento
cual divina palabra celestial,
frotando el corazón necesitado
a quien te presentas como mártir
y pactas compromiso y devoción.

Polilla… coprófaga criatura
dulce y mortal elíxir
das un beso y un abrazo judásico,
tu revoloteo es grotesco y tóxico
tu vuelo de veneno excitante
tergiversan la realidad
abriendo camino limpio a la muerte.

Ganaste,
se elevarán hasta el infinito
bendecido en tu fétido mirar.

VERSADO TERCERO

Sin alas

Libélula

Lepidoptera Antiodonata

Incertae

Laberinto de calles en tibio asfalto
el último claxon de la media noche
cenizas como luciérnagas muertas
caen mientras el humo se desvanece
al aspirar una cola de tabaco.

Carcome el comején de turbias ideas
al son del silencio de los grillos
y la ausencia mordaz del viento
que acusa con certero razonamiento
hasta perderse con el paso de las horas.

Olor de animal iracundo
sabor a tierra seca
trayecto agitado al nirvana
con manos vacías y corazón abierto.

Pidiendo luz al tapar el sol con un dedo
siniestro huracán de noes
hiedra que absorbe de raíz las flores
es un espejismo, el azul crucificado.

—Serenitas

Obsérvame
acortando las llanuras de la voz,
consumiendo el verdor de la melodía,
cual jinete se desplaza veloz
entre el alba fugaz del día...
mírame.

Diamante de sangre
bizarro destello de cristal
como afrenta corrupta y brutal
contra mis ideas y contra mi paciencia;
anzuelo que me seduce en iracundia
por nada, por algo, por mi cielo
tatuado de azul en mi pecho
por este abrupto sol que arde.

Solo deja rodar las agujas
entre granos de arena
el tiempo empuja
y la marea pronto serena.

Noctis

Retazos de algodón se aglomeran
luciérnagas muertas que aún tiritan
oda romancera de grillos en desvelo
con la frescura costera que arrastra
el pasivo suspiro del cauto viento,
y me abstrae el profundo manto añil
hasta el cálido abrazo de su cenit,
el faro satelital que ilumina mi destino
dos corazones se funden en un sentir.

Arcanum tempore

Cosa misteriosa es el tiempo,
el susurro cauteloso y ecuánime del viento
las hojas secas que guardan el camino
una sonrisa espontánea y sin antifaz
forjando libertad en esta vida tan voraz
con el reflejo capturado por una mirada
sin pretensiones ni desdenes prejuiciosos
que absorben el aliento de los despojados.

Caos apaciguado por gotas de lluvia
el mar abismándose hasta el cielo
con sus desvanecidos granos de arena
en el infinito espiral posando en mis sienes
incubado por el ave del pensamiento
sosegado, creativo, a veces rebelde
escurriéndose entre las fauces de la rutina.

Depressio

Tienes un sabor profundo
a hollín molido en tu lengua,
y sostienes mi cuero a fuego lento
adobado con sal de mi tristeza;
pero no me beses
no te acerques
no soples más tu desgracia
en la memoria de mi inocencia.

Siniestro filo de tus caricias
rompiendo el lienzo hasta el hueso,
experimento de laboratorio
el anfibio cercenado
la vela expuesta a la intemperie
temerosa flama vibrando
mientras soplas con fría avaricia
al palpar con desquicio mis sienes
hasta el desbordamiento del caos,
la mariposa en revoloteo.

Hurtas mi iracunda fe
irritante burlesque se anuncia
a diario, sin complejos algoritmos
corrompiendo en rojo la suerte,
girasol sin espinas

celeste confinado al abismo

revolviendo polvo de estrellas

sin esperanzas, asido a tu silencio

hermanado a la ansiedad por una tregua.

Vacare

Cae el manto estelar
sin fulgores nuevos, ni aullidos lunares...
tan solo

tan solo
el espejo siniestro
la voz del silencio
rota entre caricias metálicas
y el vago cantar de la cigarra.

Esa mirada
de pasajero en el tren de la vida, en extravío
de frío atardecer sin olas, sin rumores
de hostia gurda del pecado que no confiesa
de virilidad decaída
con el olvido de mi nombre, día y lugar
con la nostalgia remota de un querer
con menos carga emocional induciendo reflexión
como si no hubiera más nubes en el cielo
como si el otoño cerrase sus ojos
y no quedara más relevancia, no más batalla.

Tan solo
un latido de elefante
colapsando el paso de suspiros

porque la luz se apaga
y las luciérnagas se mueren
en sus blancas manos.

Kháos

Cuando la música termine
solo apaga la luz y cierra la puerta
que ni mis ánimos, ni mi humor son soportables
quizá mi delirio, quizá mi locura
tengan calma y sensatez.

La boca del vaso está rota
el vino se confunde con mi sangre
sin permitirme desvanecer tu tez
sedosamente extraída de lirios,
capullos eclosionan de mi tristeza invasora
como si la luz no desgarrara el color de mi hambre,
ansias desenfrenadas colapsan en un aullido.

Los últimos versos ya son mudos
como tu voz bajo la lluvia de noviembre...
¡guarda silencio!
no mires el arrebol de mis frías pupilas
no destartales los martillos de mi cabeza
solo abre tus alas y palpa los ápices del caos...
como de costumbre.

Spes

Hay un espeso verdor
entre tu voz y mi alma.
La promesa del mañana
cobijada entre la neblina y el rocío
que acompaña la rosa y su rubor
sin arena en el reloj.

De la mano, cándidas las nubes
como liebres entre el viento
vivaces, agitadas, sin esperpento.
Un hilo rojo que nos une
hasta los bordes de las piezas del rompecabezas
que encajan perfectamente en azul la escena.

Tómame, un beso a la vez
mientras respiro tu ilusión
reeducando mi siniestro y tu aferramiento,
obstáculos como sombras del ayer...
sin prisa, sea una trova nuestra pasión.

Tristitia

Cojín relleno de besos rotos
sostiene mis hinchadas sienes
bajo el gris manto de indiferencia;
aquí no hay pacto, aquí no hay votos
solo el metal entre los dientes
y las cuerdas mudas de carencia.

Luna muerta dispersa entre nubes,
arañazos y miradas distraídas
en el infinito mar de la noche
sin serenatas de grillos y cigarras
tan solo el humo espeso de una caricia
con sensibilidad seca y temblor tosco.

No duele lo que ya no se siente
las emociones fueron disecadas,
luces todas apagadas
su brillo agotado se detiene
en el verdor de la luciérnaga solitaria
el tic-tac no está latente.

Tropatore

Trovador...
este loco por amor
sirviendo tropos de pasión
para quien solicita, él replica
la herencia de Bragi y de Apolo,
poesía que zumba y salpica
en apreciación por el arte
de las cortesanas letras,
si no es que has de abrumarte
y me quede varado en ilusión
apenas con migajas de pan
que a Lázaro no hicieron mal
logrando ascender al cielo,
si tú no has de llevarme
me quedaré en este infierno
que me desbarata cada día
en su ardiente y curtido suelo.

Tengo la mente cortada en dos
que si se siente o si se piensa
el quilombo recién comienza
destartalando las neuronas restantes
al descomponerse la razón
y el corazón
agitado, solemne y ciego late en pos
esperanzado por una luz
a pesar de los azotes
hasta ser tan solo un rebús
de lo que he sido en otra vida,
ya no queda más, veo la salida.

Metus

Esto, se llama miedo...
al vuelo sereno de la mariposa
sobre el jardín moribundo en invierno;
al filo de la espada del silencio
acechando con la verdad
mientras mi navío acorazado naufraga
gota a gota, sin maldad.

Esto que siento, es miedo...
a fragmentarme
siendo restaurado por mi amiga fiel:
soledad;
a diluirme en la incertidumbre
de la espiral del mañana
sin luciérnagas ni cigarras.

Tan solo es miedo:
un grito ahogado
el pecho abierto y las manos vacías
sendero borroso por la hojarasca
eclipse emocional.

La mirada macerada en el horizonte
se ocultará bajo el manto nebular
apapachado por los recuerdos

al son de un latido distante
que, aunque yo no he dejado de amar
ocultar mi desasosiego, no puedo.

Lepidoptera Antiodonata

Hiems litore

Esa ola que ahoga
no saberlo, y al saberlo... tragarlo.

Agua revuelta, espuma salada
irritando los ojos, opacando el otoño.

Colimbos y zambullidores
son los únicos que me acompañan,
hambrientos pescadores
activamente aferrados al devenir
turbulento, acerado y desierto
una voz romántica que les engaña.

Sirena,
cántame la muerte
entre tus alas de penumbra
y tu beso triste.

Horizonte fugaz
¡¿no ves que aquí estoy?!
flotando con un latido tenaz
sin claudicar, pues no me voy.

Ego aqua

Viento,
¿hacia dónde me condenas?
entre tus alas de caos
con el devoto corazón a ciegas
y el acústico trueno traslapado
que me niega develar tu identidad.

De un soplido me has alzado
hasta donde se dispersa el horizonte,
aquí las nubes no tienen sabor
pero el sol está más cercano
aunque tu piel siga tan fría
y mi clamor te resulta indiferente...
¡déjame caer!, muero en desamor.

Muerdes mis sienes
con tenaz misterio en tu voz
desangrándome sobre el jardín,
quilombo de mariposas
harán banquete pintado en carmín
cuando el arcoíris destartale mis carnes
tras tu mórbida caricia
orquestando mi partida, con alevosía.

Lepidoptera Antiodonata

¿Qué esperas que te diga?,
si esto soy yo, si soy agua.

Ultimum carmen

"Será la garra suave.
Dejadme la esperanza."
Miguel Hernández

Esa turbia sensación
suspiros rotos, ahogados
en pensamiento ciego e iracundo
sin promesa del mañana
con el sol rasgando el horizonte.

No bastó la oración
hombre de poca fe, devoción errada
paseo por el calvario
una cruz de hielo
tallada por la indiferencia
y un silbido tosco de soledad.

Esto es, la última canción
una boca seca y cosida
torpes palpitaciones
se confunden con la voz de la distancia,
la luna está opaca, cielo sin constelación.

Alis meis

Carcomido por el sereno
en medio de la nada soledad
con los brazos en cruces
el corazón vacío, frío
odonato, pero sin vuelo
desnutrido en conformidad
carente de luz en mis sienes...

así,
así me encontraba
antes de ti, antes del caos, antes de vivir
hasta que sujetaste mi ser
y lo lanzaste al abismo emocional
dislocando mis ideologías
como fragmentos escarchados en nieve
teniendo la fina intención de hacerme sonreír
mientras brotaban mis alas
de libélula, abrumador potencial.

Contigo, contando la historia
un jardín al fin
bordeando tus pétalos con mis labios,
desnudando nuestras almas
sin prisa, sin arrepentimiento
si estás junto a mí.

Plueteam

Que el horizonte se envuelva
con el más fino cachemir gris,
tan frío como la hojalata
tan distante como el añil
de la luna, del infinito.

Que se rompan los globos
hinchados por el mar en tu mirar
y comience la melodía intrusa
del siniestro sentimiento que desborda tu ser,
en libertad, en soledad, sin piedad,
condenando y destartalando cada recuerdo
hasta purgar la voz de la razón.

Respira tan hondo, más hondo
que el mismo abismo del que procede
la sombra sicaria del corazón
donde se hospedó todo aquello que un día
sería tu nicho, tu aliento, tu sed de vivir
para luego ver el hilo rojo... roto.

Cierra los ojos y aprende
a escuchar tu latido, respira la tierra mojada

y devora la amarga almendra
hasta saciar el caos
en la danza de la mariposa y la libélula.

Sin sangre, sin crisis
extiende tu mano y siente cada gota
deja llover
que la semilla brote
y se renueve el alma.

Con C

Cautivo corazón creyendo
cuasi cursi cielo,
cesan centellas cabrías
catastróficamente castigándome
culposo cuando continúo
contigo colorido cayendo
con crudeza cruel
categóricamente cambiándome
como camaleón carpido
columpiándose contra confines
cuello colgando cascabel
celebra colapsante cuerpo
contaminación cardíaca
certeza conforme canónico cantar
cala cortesanamente culmina.

Doloris

Qué duele
sino la voz raptada y cegada en vendas,
atribulada hacia el abismo nebular
entre la necedad y la distancia.

Duele
la mirada turbia que se escuda en defensa
de la entrañable libertad secular;
apetito visceral y olor a neuralgia.

Dolor tiene
color indiferencia al beso contra cuerdas
normalidad en alegoría sentimental de ruar
sin ser yo, rompiendo el trasto de mi inocencia.

La mano blanca no hiere,
tan solo comete dolo con proezas.

Claudico ante el viento y su aletear,
la despótica noche mi alma ensucia.

Ruptus

No juego a ser Dios
tampoco propietario de tu ser,
tan solo la fuente obtusa
del hilo que desató el caos,
cual frágil aliento
arañando tu voz en el horizonte
cubierto por la primavera
a la que llamaste cálidamente libertad.

He sido jardín
de luces etéreas y tierra fértil
yerba que respira y sol vibrante
sosegando el arcoíris diurno
a vuelo estable de libélula
mientras se recuesta el destino
en un manto de luciérnagas
luego de un vals en plata nupcial
como pacto entre mariposa y polilla.

Rota la luz
sacudes tus carencias y pules escamas
borrando el carmesí de tu rostro
y atando mi añil a una desteñida cruz.

Differentis rhombus

Qué son nuestras almas
sino dos navíos con rumbos ajenos;
te adentras en la mar buscando libertad
yo aseguro mi ancla en el puerto;
tus velas se agitan fieles al viento
mientras yo descanso de ir a la deriva.

Me cansé de ceder al canto de las sirenas
de corazón frío y pensamiento fugaz,
a ti solo te atraen las forajidas gaviotas
despreocupadas flotando en sus plumas.

Adoras sentir sus caricias en tus piernas,
su voz grabada en el eco de un caracol;
la marea te cautiva y su juego te condena
al ocaso nuestro con el cielo en arrebol.

Colophon

Sin puntos suspensivos
tan solo tres pálidos versos
cielo despejado al que alzas tu vuelo.

SOBRE EL AUTOR

Jairo Mejía Rodríguez (marzo de 1982), oriundo del cálido municipio de San Pedro Sula, Honduras. Formado en la Licenciatura en Letras con especialidad en Lingüística, por la UNAH-VS.

Autor/coautor de más de 12 libros de texto para educación secundaria, en las áreas de Comunicación, Ciencias Sociales y Ciencias Naturales. Autor de los poemarios "Tulipán y Duraznos" (2022) y "Ser Contemplativo" (2023).

Editor de libros con más de 23 años de experiencia. Ha colaborado con varias editoriales de la costa norte hondureña: EDUCAN2, LISE, Publi Express, y Domus Liber. Además de colaborar con diversos autores de libros de texto y literatura.

Fundador y director del sello de origen hondureño **Guancasco Editorial**, con el cual se ha publicado varias obras impresas y digitales.

Cofundador del proyecto **CromaTecla**, como sello de producciones audiovisuales.

SOBRE LA OBRA

Esta es la tercera obra poética publicada por el escritor hondureño Jairo Mejía Rodríguez. No obstante, ha publicado muchos de sus poemas en las redes sociales durante más de 10 años.

"Lepidoptera Antiodonata", surge como inspiración de cierta etapa de su vida, tal como cada uno de los demás poemarios que conforman la colección 'Rimario'.

Tanto el léxico como la técnica de esta obra, son de base, ideal para un lector no asiduo. La construcción versal no es estricta, apunta a cierta libertad dentro del régimen de rimas constantes y rítmicas ajustadas a la respiración de la lectura.

La práctica catártica a través de la expresión verbal, es un ejercicio tan humano, que cada persona debería experimentar. De nuevo, el autor nos remite a una gama temática entre sentimentalismo, sensualidad y siniestro. Aquí, podrán cambiar las palabras, pero el contexto siempre cohabita paralelamente al devenir existencial.

Made in the USA
Columbia, SC
26 September 2024

43017259R10048